4 겨울

1. 웬디와 겨울 놀이를 해요
- 활동 1 겨울 놀이를 살펴봐요
- 활동 2 웬디와 즐거운 겨울 놀이를 해요

2. 웬디가 감기에 걸렸어요
- 활동 1 겨울을 건강하게 보내요
- 활동 2 누가 더 건강한 겨울을 보낼까요?

3. 세계 지도를 살펴봐요
- 활동 1 각 나라의 국기와 자랑거리를 알아봐요
- 활동 2 네버랜드로 떠나요

4. 세계의 인사말을 공부해요
- 활동 1 세계의 인사말을 알아봐요
- 활동 2 세계의 아침 인사 노래를 연주해요

5. 세계 전통의상을 입어봐요
- 활동 1 다른 나라의 전통의상을 살펴봐요
- 활동 2 세계 전통의상을 찾아 파티에 가요

6. 세계 여러 나라의 집을 구경해요
- 활동 1 다른 나라의 집을 구경해요
- 활동 2 피터팬! 팅커벨을 구해줘

7. 세계 여러 나라의 음식에 대해 알아봐요
- 활동 1 다른 나라의 음식을 알아봐요
- 활동 2 팅커벨의 마법 가루를 뿌려요

8. 안녕, 네버랜드! 다음에 또 만나요
- 활동 1 우리 다시 만나요
- 활동 2 웬디가 집에 갈 수 있게 도와줘요

 # 뚜루뚜루 생김새와 센서

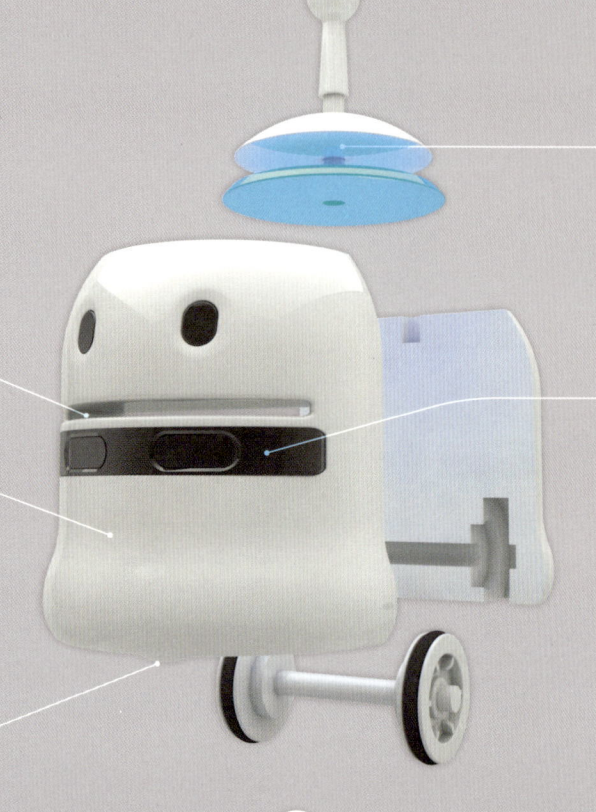

LED
LED등이 7가지의 색을 표현해요.

컬러 카드 삽입구
컬러 카드를 삽입하면 뚜루뚜루를 움직일 수 있어요.

근접 센서
손 따라가기를 하거나 뚜루뚜루의 방향 설정을 할 수 있어요.

3축 가속도 센서
뚜루뚜루의 움직임을 인식할 수 있어요.

컬러 / 빛 센서
컬러 센서 : 바닥에서 들어오는 색깔에 따라 뚜루뚜루를 움직일 수 있어요.
빛 센서 : 4개의 빛 센서를 이용하여 검은 선을 따라 움직일 수 있어요.

버저
멜로디 카드로 내장된 멜로디를 연주하거나 숫자 카드를 사용하여 작곡 및 연주를 하면 소리가 나요.

전원
뚜루뚜루의 전원을 켜고 끌 수 있어요.

USB 충전
5핀 케이블로 뚜루뚜루를 충전 할 수 있어요.

연결표시등
BAT : 배터리 표시등으로 충전 중에 초록색으로 켜져 있다가 충전이 완료되면 꺼져요.
BT : 블루투스 표시등으로 블루투스가 연결되면 파란색 불이 켜져요.

블루투스 4.0 BLE
뚜루뚜루와 PC를 연결할 수 있는 블루투스 USB 동글이에요.

 # 뚜루뚜루 기본 사용 방법

1. 전원 켜기
뚜루뚜루 뒤쪽에 있는 전원 스위치를 ON으로 옮겨 전원을 켜면 부팅 소리와 함께 뚜루뚜루 머리 LED에 불이 들어와요.

2. 깨어있는 상태 (활성화 상태)
뚜루뚜루는 켜져 있는 상태로 놔두면 머리 LED에 청록색 불이 들어오고 서서히 다른 색상으로 변해요.
이 상태에서 명령이 입력되기를 기다려요.

3. 자고 있는 상태 (비활성화 상태)
뚜루뚜루가 켜져 있는 상태에서 5분 동안 명령어를 입력하지 않거나 움직이지 않으면, 머리 LED는 흰색으로 변해요.
이 상태에서는 명령을 수행하지 않아요.

4. 깨우기(비활성화 상태 → 활성화 상태)
자고 있는 뚜루뚜루를 깨우려면 살짝 흔들거나 기울여서 머리 LED 색이 변하도록 움직여요.

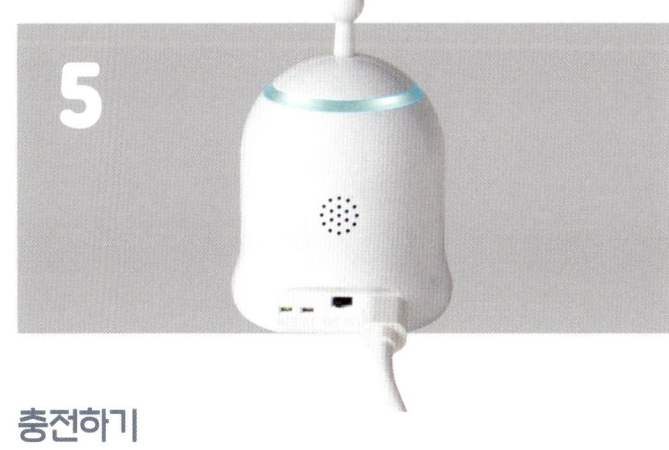

5. 충전하기
뚜루뚜루의 배터리가 부족하면 머리 LED가 빨간색으로 반짝이며 움직임이 느려지거나 오작동을 해요.
마이크로 5핀 스마트폰용 케이블을 뚜루뚜루 뒤쪽 전원 단자에 끼우고 충전 할 수 있어요.

6. 컬러 카드 명령 입력하기
컬러 카드를 뚜루뚜루 컬러 카드 삽입구의 정 가운데에 넣어 뚜루뚜루를 움직일 수 있어요. 그렇지 않을 경우 뚜루뚜루는 잘못된 명령을 수행할 수 있어요. 카드를 입력하면 머리 LED의 색이 카드의 상단부 색상과 똑같이 변해요.

 # 알고리즘 카드 종류와 사용법

알고리즘 카드

뚜루뚜루 카드 삽입구 안에 있는 2개의 컬러 센서를 이용하여 카드 윗부분의 2가지 색상을 입력받아 그 패턴에 따라 명령어를 실행해요.

교육 목적

카드에 저장된 명령어를 입력하며 코딩의 기본 원리인 순차, 반복, 조건을 습득

시작하기
명령어 입력 시 항상 맨 처음에 삽입해야 해요.

끝내기
명령어 입력 시 항상 맨 끝에 삽입해야 해요.

앞으로 가기
앞으로 약 4.5cm 이동해요.

뒤로 가기
뒤로 약 4.5cm 이동해요.

좌회전
제자리에서 왼쪽으로 90° 돌아요.

우회전
제자리에서 오른쪽으로 90° 돌아요.

알고리즘 카드 사용 설명

① 시작하기-끝내기 카드

뚜루뚜루에게 알고리즘 카드 입력 시 항상 시작과 끝에 시작하기와 끝내기 카드를 삽입해야 해요.

※ 시작하기-끝내기 카드 없이 알고리즘 카드만 입력하면 뚜루뚜루가 명령을 수행하지 못해요.

예시

< 알고리즘 카드 >

② 이동, 방향 카드

뚜루뚜루의 이동과 방향을 결정하는 카드에요.
이동 : 앞으로 가기, 뒤로 가기
방향 : 좌회전, 우회전
※ 방향 카드는 제자리에서 90°로 회전하는 카드에요.

예시

알고리즘 카드

뚜루뚜루 카드 삽입구 안에 있는 2개의 컬러 센서를 이용하여 카드 윗부분의 2가지 색상을 입력받아 그 패턴에 따라 명령어를 실행해요.

교육 목적

카드에 저장된 명령어를 입력하며 코딩의 기본 원리인 순차, 반복, 조건을 습득

LED 빛
뚜루뚜루 머리에 있는
LED등에서
7개의 색상으로 반짝여요.

멜로디
뚜루뚜루의 뒷면 버저에서
저장된 멜로디가 나와요.

반복 시작
반복하고 싶은 알고리즘의
맨 처음에 삽입해요.

반복 끝
반복하고 싶은 알고리즘의
맨 끝에 삽입해요.

격자
뚜루뚜루가 바닥의 격자무늬
(+)를 따라갈 수 있도록 해요.

틸트 모션 시작-끝
4가지 기울기 (앞,뒤,좌,우)에
따라 움직이고 싶은 순서대로
기울여 이동해요.

알고리즘 카드 사용설명

③ LED 빛 카드

뚜루뚜루가 명령어 수행 중에 머리 LED 빛을 정해진 패턴의 색상으로 변경해요.

예시

④ 멜로디 카드

뚜루뚜루가 명령어 수행 중에 버저를 활용해 저장된 멜로디를 연주해요.

예시

⑤ 반복 카드

반복 카드와 숫자 카드를 조합해서 입력한 명령을 반복할 수 있어요.

예시 [직진 2번 + 우회전 1번] 4회 구간 반복

⑥ 격자 카드

뚜루뚜루가 바닥의 격자무늬(+)를 따라갈 수 있도록 해요.
※ 십자 모양의 갈림길을 만나면 뚜루뚜루가 한 칸으로 이해해요.
※ 격자 카드 사용 시 뒤로 가기는 할 수 없어요.

예시

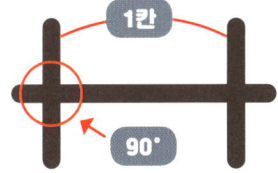

⑦ 틸트 카드

뚜루뚜루에게 기울여서 움직임의 방향을 정할 때엔 항상 시작과 끝에 틸트 모션 카드를 삽입해야 해요. 뚜루뚜루 움직임과 함께 격자, LED 빛, 멜로디 카드를 사용 할 수 있어요.

예시

< 뚜루뚜루 움직임 >

웬디와 겨울 놀이를 해요

웬디가 아침에 일어나 보니 밤새 하얀 눈이 와서 온통 세상이 하얗게 변해 있었어요.
너무 오랜만에 눈이 쌓인 걸 본 웬디는 밖에 나가서 눈을 가지고 놀이를 하고 싶었어요.
친구가 필요한 웬디는 며칠 전 옆집으로 이사 온 뚜루뚜루에게 함께 놀이를 하자고 이야기했어요.

1. 웬디와 겨울 놀이를 해요

학습목표
1. 겨울 놀이의 종류와 놀이 도구, 방법을 알 수 있다.
2. 알고리즘 카드, 격자 카드를 이용해 뚜루뚜루가 겨울 놀이 카드에 도착할 수 있다.
3. 컬러 카드를 활용하여 문제를 빠르게 해결하려는 태도를 가진다.

활동 1 겨울 놀이를 살펴봐요

겨울에 할 수 있는 놀이에 대해 알아보고, 겨울 놀이에 필요한 준비물과 놀이 방법을 이해해 보는 활동입니다. 뚜루뚜루, 웬디와 함께하고 싶은 겨울 놀이를 그려보고 놀이의 이름, 방법, 준비물을 적어보는 활동입니다.

활동순서

❶ 겨울에 할 수 있는 놀이의 이름과 놀이 방법을 이야기해본다.
❷ 놀이에 필요한 준비물에 <스티커> 겨울 놀이 준비물 스티커를 붙인다.
❸ 뚜루뚜루와 웬디랑 함께 하고 싶은 겨울 놀이를 아래에 그려보고 놀이의 이름과 필요한 준비물, 놀이 방법을 간단히 적어본다.

 뚜루뚜루와 웬디랑 함께 하고 싶은 겨울 놀이를 그려보고 놀이에 대해 적어보세요.

- 놀이의 이름 : _____
- 필요한 놀이 준비물 : _____
- 놀이 방법 : _____

그림을 보고 알맞은 겨울 놀이의 이름을 써 보고, 각 겨울 놀이에 알맞은 <스티커> p.67 겨울 놀이 준비물 스티커를 붙여 보세요.

- 놀이의 이름 : _____
- 놀이의 이름 : _____

[놀이 준비물 스티커 붙이는 곳]   [놀이 준비물 스티커 붙이는 곳]

- 놀이의 이름 : _____
- 놀이의 이름 : _____

[놀이 준비물 스티커 붙이는 곳]   [놀이 준비물 스티커 붙이는 곳]

1. 웬디와 겨울 놀이를 해요

<활용카드>

활동 2 웬디와 즐거운 겨울 놀이를 해요

이번 활동은 두 명이 같이 하는 활동입니다. <별지1> 겨울 놀이 방법 카드를 뽑아 이에 알맞은 <별지1> 겨울 놀이 카드가 있는 곳으로 뚜루뚜루에 명령하여 이동 후, 도착한 곳의 카드를 획득하는 활동입니다. 알고리즘 카드와 반복 카드, 격자 카드, LED 빛 카드를 활용함으로써 겨울 놀이와 그에 알맞은 놀이 방법을 익혀 나가며 <별지1> 겨울 놀이 카드를 더 많이 획득한 사람이 이기는 활동입니다.

활동순서

❶ <별지1> 겨울 놀이 카드 7장, 겨울 놀이 방법 카드 7장, 웬디 말을 준비한다.

❷ <별지1> 겨울 놀이 카드는 활동지 위 '겨울 놀이 카드 놓는 곳'에 무작위로 놓는다.

❸ <별지1> 겨울 놀이 방법 카드는 활동지 옆에 뒤집어서 나열한다.

❹ 가위바위보를 해서 진 사람(player2)은 <별지1> 웬디 말을 활동지의 격자 위에 무작위로 놓는다.

❺ 이긴 사람(player1)은 뚜루뚜루를 출발지에 놓고 <별지1> 겨울 놀이 방법 카드 중 한 장을 뽑아 읽은 후, 활동지에 놓여진 놀이 방법에 알맞은 <별지1> 겨울 놀이 카드를 찾아갈 수 있도록 뚜루뚜루에 알고리즘 카드와 격자 카드로 명령하여 이동한다.
  - 단, 가는 길에 웬디 말을 반드시 한 번은 만나고 가야 한다.

❻ <별지1> 겨울 놀이 카드에 도착하면 LED 빛을 2번 켜고, 놀이 방법에 알맞은 <별지1> 겨울 놀이 카드에 도착하는 경우에 해당 카드를 획득할 수 있다.

❼ <별지1> 겨울 놀이 카드를 획득하면 player1이 <별지1> 웬디 말을 처음에 놓여져 있던 곳에 다시 배치하고 player2 차례가 되어 번갈아가며 놀이를 해본다.

❽ <별지1>겨울 놀이 카드를 더 많이 획득한 사람이 이긴다.

<준비물>

❶ 뚜루뚜루 로봇

❷ <별지1> p.41
겨울 놀이 카드

❸ <별지1> p.41
겨울 놀이 방법 카드

❹ <별지1> p.41
웬디 말

예시

😊 <별지1> 겨울 놀이 방법 카드를 뽑아 이에 알맞은 <별지1> 겨울 놀이 카드를 획득해보세요.

예 겨울 놀이 방법 카드로 윷놀이 방법이 적힌 카드를 뽑았을 경우
⋯> 겨울 놀이 카드로는 윷놀이가 그려진 카드를 획득하러 가요.

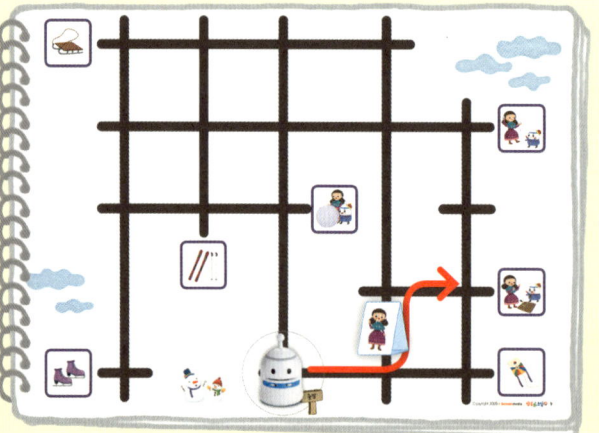

<활동2> 활동 예시

웬디가 감기에 걸렸어요

뚜루뚜루와 신나게 겨울 놀이를 한 웬디는 그만 감기에 걸리고 말았어요.
아파서 침대에 누워있는 웬디에게 네버랜드에 사는 피터팬이 찾아왔어요.
피터팬은 뚜루뚜루와 웬디에게 겨울을 어떻게 건강하게 보내야 할지
이야기해 주기로 했어요.

2. 웬디가 감기에 걸렸어요

학습목표

1. 겨울철 건강 수칙을 알 수 있다.
2. 틸트 모션 카드와 격자 카드를 이용해 뚜루뚜루가 겨울철 건강 수칙 카드에 도착할 수 있다.
3. 컬러 카드를 활용하여 문제를 빠르게 해결하려는 태도를 가진다.

 활동 1 겨울을 건강하게 보내요

겨울에 나타날 수 있는 건강 문제와 겨울을 건강하게 보내기 위한 다양한 겨울철 건강 수칙에 대해 알아보고 이야기해보는 활동입니다.

활동순서

❶ 겨울에 나타날 수 있는 건강 문제에 대해 이야기해본다.

❷ 겨울을 건강하게 보내기 위한 겨울철 건강 수칙에 대해 그림을 보고 빈칸에 알맞은 단어를 적어본다.

❸ 이 이외에도 어떤 건강 수칙이 있을지 이야기해본다.

😊 그림에 나타난 겨울에 나타날 수 있는 건강 문제에 대해 이야기해보세요.

감기에 걸려요   피부가 건조해요   너무 추워요

😊 겨울을 건강하게 보내려면 어떻게 해야 할지 빈칸에 알맞은 단어를 적어보세요.

(   )를 발라요.   (   )을 자주 마셔요.   (   )을 자주 열어요.

옷을 (   ) 입어요.   추워도 (   )에 나가서 즐겁게 놀아요.   (   )을 깨끗이 씻어요.

2. 웬디가 감기에 걸렸어요

〈활용카드〉

활동 2 누가 더 건강한 겨울을 보낼까요?

이번 활동은 두 명이 같이 하는 활동입니다. 겨울을 건강하게 보내기 위해 〈별지2〉 건강 수칙 이미지에 알맞은 〈별지2〉 건강 수칙 텍스트 카드까지 이동하면 각각의 카드를 획득하는 활동입니다. 뚜루뚜루의 기울기(앞, 뒤, 좌, 우)에 따라 움직일 수 있도록 틸트 모션 카드와 격자 카드를 활용하여 명령합니다. 〈별지〉 카드를 더 많이 획득한 사람이 이기는 활동입니다.

활동순서

❶ 〈별지2〉 건강 수칙 이미지 카드, 건강 수칙 텍스트 카드를 준비하고 활동지 위에 카드 놓는 곳에 알맞게 무작위로 놓는다.

❷ 가위바위보를 하고 이긴 사람(player1) 먼저 〈별지2〉 건강 수칙 이미지 카드 중 시작할 곳을 고르고 〈별지2〉 페이퍼 크래프트 뚜루뚜루와 피터팬 중 하나를 골라 준비해서 뚜루뚜루에 씌운다.

❸ 틸트 모션 카드와 격자 카드를 활용하여 뚜루뚜루의 기울임으로 움직임을 명령한다.

❹ 〈별지2〉 건강 수칙 이미지에 알맞은 〈별지2〉 건강 수칙 텍스트에 도착하면 각각의 카드를 획득하게 된다.

❺ player2와 번갈아가며 해보고, 더 많은 카드를 획득한 사람이 이긴다.

틸트 모션 카드 사용 방법

※ 뚜루뚜루는 3축 가속도 센서를 이용하여 기울기의 변화를 인지
1) 틸트 모션 카드를 뚜루뚜루에 입력하면 LED 색상이 변하고, 소리가 나며 기울기를 인식할 준비가 된다.
2) 인식 가능한 4가지 기울기(앞, 뒤, 좌, 우)에 따라 움직이고 싶은 순서대로 기울인다.
   각각의 기울기는 LED 색상으로 확인 : 앞-⭕/ 뒤-⭕/ 좌-⭕/ 우-⭕
3) 기울임을 마치고 틸트 모션 카드를 뚜루뚜루에 입력하면 기울인 순서대로 로봇이 움직인다.
4) 틸트 모션 카드 사이에 격자 카드를 넣으면 뚜루뚜루가 격자를 따라 움직일 수 있다.

예 격자에서 좌, 우, 우, 앞, 뒤

〈준비물〉

❶ 뚜루뚜루 로봇

❷ 〈별지2〉 p.43
건강 수칙 이미지 카드

❸ 〈별지2〉 p.43
건강 수칙 텍스트 카드

❹ 〈별지2〉 p.45
뚜루뚜루 페이퍼 크래프트

❺ 〈별지2〉 p.45
피터팬 페이퍼 크래프트

예시

😊 〈별지2〉 건강 수칙 이미지 카드에 알맞은 〈별지2〉 건강 수칙 텍스트 카드에 도착해서 카드를 획득해요.

예 〈별지2〉 건강 수칙 이미지 카드로 '손을 씻는 이미지'를 선택 후, 그에 알맞은 〈별지2〉 건강 수칙 텍스트인 '손을 깨끗이 씻어요' 카드에 도착하면 2개 카드 획득할 수 있어요.

〈별지1〉 건강 수칙
이미지 카드 예시

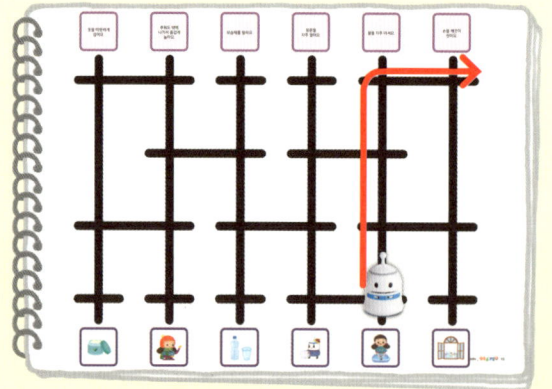

〈활동2〉 활동 예시

건강 수칙 텍스트 카드 놓는 곳	건강 수칙 텍스트 카드 놓는 곳	건강 수칙 텍스트 카드 놓는 곳	건강 수칙 텍스트 카드 놓는 곳	건강 수칙 텍스트 카드 놓는 곳	건강 수칙 텍스트 카드 놓는 곳
건강 수칙 이미지 카드 놓는 곳	건강 수칙 이미지 카드 놓는 곳	건강 수칙 이미지 카드 놓는 곳	건강 수칙 이미지 카드 놓는 곳	건강 수칙 이미지 카드 놓는 곳	건강 수칙 이미지 카드 놓는 곳

세계 지도를 살펴봐요

피터팬은 자신이 살고 있는 네버랜드에 웬디와 뚜루뚜루를 초대했어요.
초대장에는 네버랜드가 어디에 있는지 적혀있지 않아서, 어떻게 찾아가야 하는지 알 수 없었어요.
그래서 웬디와 뚜루뚜루는 세계 지도를 보면서 네버랜드를 찾아보기로 했어요.

3 세계 지도를 살펴봐요

학습목표

1. 세계 여러 나라의 국기와 자랑거리를 알 수 있다.
2. 틸트 모션 카드와 반복 카드를 이용해 뚜루뚜루를 움직여 보고 점수를 획득할 수 있다.
3. 컬러 카드를 활용하여 문제를 빠르게 해결하려는 태도를 가진다.

 활동 1 각 나라의 국기와 자랑거리를 알아봐요

세계 지도에서 각 나라의 위치, 국기, 자랑거리를 알아보는 활동입니다. 세계 지도를 보면서 각 나라가 어디에 있는지 확인해 보고, 각 나라의 자랑거리에 대해 학습해 봄으로써 세계 여러 나라에 대한 특징을 알아보는 활동입니다.

활동순서

❶ 세계 지도를 보면서 각 나라가 어디에 있는지 확인하고 <스티커> 국기 스티커를 <부록> 세계 지도에 붙인다.

❷ 각 나라의 이름, 국기, 자랑거리에 대해 알아본다.

❸ 국기 그림을 보고 각 나라의 이름과 <스티커> 자랑거리 스티커를 붙인다.

 내가 가고 싶은 나라가 어디에 있는지 찾아보고, 그 나라의 국기를 그려보고 나라의 이름과 자랑거리, 가 보고 싶은 이유를 적어보세요.

나라의 국기	
	■ 가 보고 싶은 나라 : _____
	■ 그 나라의 자랑거리 : _____
	■ 가 보고 싶은 이유 : _____

 각 나라의 <스티커> p.67 국기 스티커를 <부록> p.65 세계 지도 위의 알맞은 위치에 붙여 보세요. 그러고 나서 아래의 국기 그림을 보고 각 나라의 이름을 적고 <스티커> p.67 자랑거리 스티커를 붙여 보세요.

_____

자랑거리
스티커 붙이는 곳

_____

자랑거리
스티커 붙이는 곳

_____

자랑거리
스티커 붙이는 곳

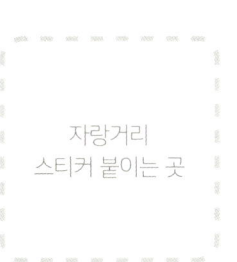

_____

자랑거리
스티커 붙이는 곳

_____

자랑거리
스티커 붙이는 곳

_____

자랑거리
스티커 붙이는 곳

3 세계 지도를 살펴봐요

〈활용카드〉

 활동 2 네버랜드로 떠나요

이번 활동은 두 명이 같이 하는 활동입니다. 활동을 통해 세계 여러 나라의 국기와 자랑거리를 익혀 나가는 활동입니다. 틸트 모션 카드와 반복 카드를 활용하여 뚜루뚜루를 움직여 보고 활동지의 각 말판에 해당하는 미션을 해결하며 점수를 얻습니다. 점수를 얻으면 점수판에 적고, 점수가 높은 사람이 이기는 활동입니다.

활동순서

❶ 〈별지3〉 웬디 말, 숫자 주사위를 준비한다.

❷ player1은 뚜루뚜루를 player2는 〈별지3〉 웬디 말을 활동지의 출발지에 놓고, 가위바위보를 해서 이긴 사람 먼저 〈별지3〉 숫자 주사위를 던진다.

❸ 〈별지3〉 숫자 주사위를 던져 나온 숫자를 확인한 후 도착할 칸을 확인한다.

❹ player2는 〈별지3〉 웬디 말을 손으로, player1은 뚜루뚜루에 틸트 모션과 반복 카드를 활용하여 움직여 도착 지점까지 이동한다.

❺ 도착한 칸에 그려진 그림을 보고 어떤 나라인지 맞히거나 물음에 답을 하면 된다. 국가의 자랑거리 혹은 국기를 보고 해당하는 나라를 맞혔을 경우엔 활동지 말판에 표시된 점수를 워크북 p.16의 점수판에 작성하면 된다.

❻ 말판을 한 바퀴 다 돌아 출발 위치로 다시 돌아왔을 때 점수를 합산하여 더 높은 점수를 받은 사람이 이긴다.

틸트 모션 카드와 반복 카드 사용 방법

1) 틸트 모션 카드를 뚜루뚜루에 입력하면 LED 색상이 변하고, 소리가 나며 기울기를 인식할 준비가 된다.
2) 반복할 명령과 횟수를 생각한 다음 '반복 시작 카드 → 숫자 카드(반복 횟수) → 반복할 명령대로 기울이기 → 반복 끝 카드' 순서로 입력한다.
3) 기울임을 마치고 틸트 모션 카드를 뚜루뚜루에 입력하면 기울인 순서대로 로봇이 움직인다.

예 왼쪽으로 4번 회전하기

〈준비물〉

❶ 뚜루뚜루 로봇   ❷ 〈별지3〉 p.47 웬디 말   ❸ 〈별지3〉 p.47 숫자 주사위

 〈점수판〉

점수를 얻을 때마다 순서대로 각자 점수판에 적고, 게임이 끝나면 점수의 합계를 내보세요.

player1 점수판			
1		11	
2		12	
3		13	
4		14	
5		15	
6		16	
7		17	
8		18	
9		19	
10		20	
점수 합계 :			

player2 점수판			
1		11	
2		12	
3		13	
4		14	
5		15	
6		16	
7		17	
8		18	
9		19	
10		20	
점수 합계 :			

세계의 인사말을 공부해요

네버랜드에 도착한 뚜루뚜루와 웬디는 피터팬을 만났어요.
피터팬은 뚜루뚜루와 웬디를 위해 세계 각국의 친구들을 불러서 파티를 열기로 했어요.
뚜루뚜루와 웬디는 파티에서 만나게 될 여러 나라의 친구들과 어떻게 인사를 해야 할지 고민되었어요.
그래서 피터팬이 뚜루뚜루와 웬디를 위해 세계 인사말을 알려주기로 했어요.

Story 4

4 세계의 인사말을 공부해요

학습목표

1. 세계의 아침 인사를 알 수 있다.
2. 틸트 모션 카드, 반복 카드, 멜로디 카드, LED 빛 카드를 이용해 뚜루뚜루가 계이름 카드를 획득할 수 있다.
3. 컬러 카드를 활용하여 문제를 빠르게 해결하려는 태도를 가진다.

 활동 1 세계의 인사말을 알아봐요

세계의 각 나라별 인사말을 알아보고 연습해 봄으로써 다른 나라에 대해 이해해 보는 활동입니다.
세계 인사말 노래를 불러보고 노래 가사를 다른 나라의 인사말로 바꿔 불러보는 활동입니다.

활동순서

❶ 세계의 각 나라별 인사말에 관해 이야기해본다.
❷ 각 나라별 인사말을 <스티커> 인사말 스티커에서 찾아 붙인다.
❸ 세계 인사말 노래를 불러보고, 노래 가사의 인사말을 바꾸어본다.

 세계의 인사말 노래를 불러보고, 노래 가사에 다른 나라 인사말로 바꿔서 불러 보세요.

세계의 인사말 노래

미국 에선 굿모닝 프랑스는 봉주르
중국 에선 니하오 일본 에선 오하요
인도 에선 나마스테 독일 에선 구텐모르겐

세계의 인사말 노래 (계이름)

도도 솔솔 라라 솔 파파 미미 레레 도
솔솔 파파 미미 레 솔솔 파파 미미 레
도도 솔솔 라라 솔 파파 미미 레레 도

 세계의 각 나라에 맞는 인사말을 <스티커> p.67 인사말 스티커에서 찾아서 아래의 칸에 붙여보고, 각 나라의 인사말을 연습해 보세요.

미국	브라질	프랑스	독일
인사말 스티커 붙이는 곳	인사말 스티커 붙이는 곳	인사말 스티커 붙이는 곳	인사말 스티커 붙이는 곳

케냐	중국	인도	일본
인사말 스티커 붙이는 곳	인사말 스티커 붙이는 곳	인사말 스티커 붙이는 곳	인사말 스티커 붙이는 곳

4 세계의 인사말을 공부해요

〈활용카드〉

 활동 2 세계의 아침 인사 노래를 연주해요

이번 활동은 두 명이 같이 하는 활동입니다. 활동지 말판 위에서 틸트 모션 카드와 반복 카드를 활용하여 뚜루뚜루를 움직여 도착한 칸에 적힌 〈별지4〉 계이름 카드를 획득합니다. 〈활동1〉 세계 인사말 노래를 연주하기 위해 필요한 〈별지4〉 계이름 카드를 모두 획득하여 뚜루뚜루로 먼저 연주를 하는 사람이 이기는 활동입니다.

활동순서

1. 뚜루뚜루를 활동지의 출발지에 놓고 〈별지4〉 계이름 카드를 준비해서 활동지 옆에 나열해서 놓는다.
2. player1과 player2는 가위바위보를 한 뒤, 이긴 사람 먼저 〈별지4〉 컬러 주사위와 숫자 주사위를 던진다.
3. 던져서 나온 〈별지4〉 숫자 주사위의 숫자와 컬러 주사위의 색상을 확인하고, 활동지에서 뚜루뚜루가 이동해야 할 곳을 확인한다.
4. 4가지 색상이 혼합된 주사위의 면이 나올 경우, 4가지 색 중 원하는 색으로 골라서 이동하면 된다.
5. 틸트 모션 카드와 반복 카드를 활용해서 뚜루뚜루에 명령해 움직인 후, LED 빛 카드를 활용해 LED를 켜면 그 칸에 해당하는 〈별지4〉 계이름 카드를 획득할 수 있다.
   - 계이름 도의 경우 '높은 도' 혹은 '낮은 도' 중 하나를 선택하여 획득할 수 있다.
6. 〈별지4〉 계이름 카드를 모두 획득하여 뚜루뚜루로 〈활동1〉 세계 인사말 노래를 먼저 연주하는 사람이 이긴다.
   - 뚜루뚜루에 멜로디와 숫자 카드로 명령해서 연주한다.

틸트 모션 카드와 LED 카드 사용 방법

1) 기울임 중간에 LED 빛 카드를 입력하면 뚜루뚜루 LED에서 여러 색상이 반짝인다.
2) 틸트 모션 카드 → LED 빛 카드 → 틸트 모션 카드 순서로 입력하면 된다.
3) 틸트 모션 카드 사이에는 LED 빛 카드와 기울임도 함께 사용 가능하다.

예) 왼쪽으로 회전, LED 빛 카드, 오른쪽으로 회전

〈준비물〉

① 뚜루뚜루 로봇 ② 〈별지4〉 p.49 컬러 주사위 ③ 〈별지4〉 p.49 숫자 주사위 ④ 〈별지4〉 p.51 계이름 카드

예시

😊 〈별지4〉 숫자 주사위와 컬러 주사위를 던져서 나온 내용을 확인해서 이동해요.

예) 〈별지4〉 숫자 주사위 : 5, 〈별지4〉 컬러 주사위 : ■ 나왔을 경우
뚜루뚜루 출발지에서부터 (5, ■, 레)에 해당하는 위치로 가서 LED를 켜면 〈별지4〉 계이름 카드 '레'를 획득할 수 있어요.

〈별지4〉 숫자 주사위 예시

〈별지4〉 컬러 주사위 예시

〈활동2〉 활동 예시

2 라	5 레	3 시	4 도	3 라	1 시
2 레	6 파	1 라	4 라	6 도	3 솔
4 시	5 미	2 도	6 파	3 레	1 솔
5 파	3 미	6 파	5 솔 (출발)	4 솔	1 미

세계 전통의상을 입어봐요

뚜루뚜루와 웬디는 파티에 입장하려면 다른 나라의 전통의상을 입어야 했어요.
전통의상을 찾으러 가는 길에는 후크 선장과 악어들이 우글우글 거리고 있었어요.
뚜루뚜루와 웬디는 피터팬과 힘을 합쳐 후크 선장과 악어를 피해 친구들의 의상도 함께 구하기로 했어요.

Story 5

5 세계 전통의상을 입어봐요

학습목표
1. 세계 여러 나라 전통의상의 특징을 알 수 있다.
2. 컬러 스티커를 이용해 전통의상을 획득할 수 있도록 이동할 수 있다.
3. 다른 나라의 문화를 존중하는 태도를 가진다.

 활동 1 다른 나라의 전통의상을 살펴봐요

세계 여러 나라 전통의상의 특징을 알아보는 활동입니다. 각 나라의 전통의상들의 특징을 보며, 나만의 방법으로 기준을 정하고 무리 지어 봅니다. 전통의상을 통해서도 세계 다른 나라에 대해 이해해 볼 수 있는 활동입니다.

활동순서

❶ 세계 여러 나라 전통의상의 특징을 살펴본다.
❷ 나만의 방법으로 기준을 정하고 무리 지어본다.

 세계의 전통의상에는 어떤 특징이 있나요?

 나만의 방법으로 기준을 정하고 무리 지어 보세요. (예: 재료, 기후 등)

 세계의 다양한 전통의상의 특징을 살펴보세요.

< 한국 >

< 멕시코 >

< 일본 >

< 영국 >

< 베트남 >

< 러시아 >

< 중국 >

< 미국 >

< 케냐 >

5. 세계 전통의상을 입어봐요

〈활용카드〉

활동 2. 세계 전통의상을 찾아 파티에 가요

이번 활동은 두 명이 같이 하는 활동입니다. 후크 선장과 악어를 피해 전통의상들을 찾아 파티장에 가는 활동입니다. 〈별지5〉 나라 이름 카드에 맞는 활동지 위에 놓인 〈별지5〉 전통의상 말을 찾은 뒤, 〈별지5〉 후크 선장 말과 악어 말을 피해서 파티장에 잘 도착할 수 있도록 경로를 미리 파악합니다. 그 경로에 알맞게 뚜루뚜루가 움직일 수 있도록 〈스티커〉 컬러 스티커를 붙이고 격자 카드로 명령합니다. 〈별지5〉 전통의상 말을 많이 획득한 사람이 이기는 활동입니다.

활동순서

1. 〈별지5〉 전통의상 말, 후크 선장 말, 악어 말을 활동지 격자 위에 무작위로 놓는다.
2. 〈별지5〉 나라 이름 카드들을 활동지 옆에 한곳에 뒤집어서 놓는다.
3. player1과 player2는 가위바위보를 해서 이긴 사람 먼저 뚜루뚜루에 〈별지5〉 뚜루뚜루 팔을 끼우고 〈별지5〉 나라 이름 카드 한장을 뽑는다. 뽑은 카드의 나라 이름을 보고 활동지 위에 있는 그 나라의 〈별지5〉 전통의상 말을 찾는다.
4. 활동지 격자 위에 놓인 〈별지5〉 후크 선장 말과 악어 말을 피해 출발지부터 〈별지5〉 전통의상 말을 찾아 파티장까지 무사히 도착하도록 〈스티커〉 컬러 스티커를 붙인 뒤 격자 카드만 입력해 명령한다.
5. 뚜루뚜루가 이동하는 도중 〈별지5〉 후크 선장 말과 악어 말을 만나면 다음 사람 차례로 넘어간다.
6. 파티장에 도착했을 때, 〈별지5〉 나라 이름 카드에 적힌 나라와 〈별지5〉 전통의상 말의 나라가 일치하지 않으면 말을 획득하지 못한다.
7. 더 이상 이동할 길이 만들어지기 어려울 경우 기존 스티커를 제거하고 새로운 컬러 스티커를 붙여 〈별지5〉 전통의상 말에 도착할 수 있도록 player끼리 협의해서 게임을 진행한다.
8. 〈별지5〉 전통의상 말을 더 많이 획득한 사람이 이긴다.

〈준비물〉

❶ 뚜루뚜루 로봇

❷ 〈별지5〉 p.53
나라 이름 카드

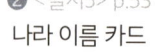
❸ 〈별지5〉 p.53
악어 말

❹ 〈별지5〉 p.53
후크 선장 말

❺ 〈별지5〉 p.53
뚜루뚜루 팔

❻ 〈별지5〉 p.55
전통의상 말

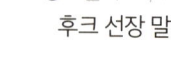
❼ 〈스티커〉 p.69
컬러 스티커

예시

전통의상을 찾아 파티장에 가는 방법

1) 〈별지5〉 나라 이름 카드로 한국 카드를 뽑았을 경우, 〈별지5〉 전통의상 한복 말을 찾아요.
2) 출발지부터 파티장까지 〈별지5〉 후크 선장과 악어 말을 피해 가도록 〈스티커〉 컬러 스티커를 붙여요.

출발지에서 한복까지 : 출발 → 직진 → 직진 → 우회전 → 좌회전 → 우회전 → 직진 → 직진

* 가는 길에 다른 전통의상을 같이 획득했을 경우엔, 파티장에 도착했을 때 다른 전통의상들은 활동지 위 원래 위치에 둔다.

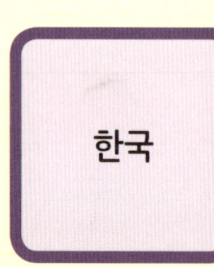
〈별지5〉 나라 이름 카드 예시

〈활동2〉 활동 예시

세계 여러 나라의 집을 구경해요

피터팬과 웬디와 뚜루뚜루가 네버랜드에서 즐거운 시간을 보내고 온 사이
팅커벨이 후크 선장에게 잡히고 말았어요.
팅커벨을 구하기 위해 후크 선장이 숨겨놓은 황금 열쇠를 찾아서
세계 여러 나라의 다양한 집 중에 팅커벨이 있는 곳으로 찾아가야 해요.

6 세계 여러 나라의 집을 구경해요

학습목표
1. 세계 여러 나라의 집에 대하여 알 수 있다.
2. 손 따라가기 카드와 틸트 모션 카드를 활용하여 팅커벨을 찾는다.
3. 컬러 카드를 활용하여 문제를 적극적으로 해결하려는 태도를 가진다.

 활동 1 다른 나라의 집을 구경해요

세계의 다양한 집들은 그 나라의 기후에 따라 집의 모양과 재료가 다양합니다. 날씨, 나라의 위치, 집을 짓는 재료에 따라 집의 특징을 잘 살펴보고 세계 여러 나라 집의 특징 퀴즈를 풀어보는 활동입니다.

활동순서

❶ 세계 여러 나라 집을 살펴보고 어떤 나라의 집인지, 어떤 특징이 있는지 알아본다.

❷ 세계 여러 나라의 집에 대한 OX 퀴즈를 풀어 본다.

 세계 여러 나라 집의 특징을 살펴보세요.

스위스의 나무 집
스위스는 알프스 산이라는 높은 산으로 둘러싸여 있어, 겨울에도 추위를 견딜 수 있는 튼튼한 집을 짓고 삽니다. 산에 나무가 많아 통나무집을 많이 지어요.

한국의 기와집
지붕을 기와로 만든 집이에요. 옛날에는 양반 등 부자들이 살았었어요.

몽골의 게르
게르는 나무로 만든 뼈대에 가축의 털로 짠 두꺼운 천이나 가죽을 씌운 몽골의 전통 가옥이에요. 가옥 구조가 단순하여 쉽게 분해하고 조립할 수 있어 이동 생활에 적합해요.

알래스카의 이글루
겨울이 아주 긴 알래스카 등 북극 가까이에 사는 에스키모인들은 겨울에 단단한 눈을 큰 벽돌 모양으로 잘라 쌓아서 둥근 모양의 '이글루'라는 집을 만들어요. 추운 바람을 막아주어 집안은 꽤 따뜻하답니다.

인디언의 티피
미국과 캐나다 지역에서 살던 아메리카 인디언들은 양이나 소들을 사냥하면서 이동 생활을 했어요. 그래서 이동하기 편하게 천막식 집을 지었는데, 이것을 티피라고 해요. 날씨가 좋은 곳을 찾아 이동해 다녔기 때문에 간단한 천막이에요.

이란의 흙벽돌 집
사막 지역에 흙벽돌로 지었어요. 비가 별로 안 오니까 흙 집이라도 잘 안 무너지고, 흙벽돌이 뜨거운 햇빛을 잘 막아줘서 시원해요.

 OX 퀴즈 - 세계 여러 나라의 집에 대하여 알아볼까요?

1. 게르는 가축에게 먹일 풀을 찾아 이동하는 몽골인들이 쉽게 이사 갈 수 있도록 지은 천막집이에요. (   )
2. 눈이 많이 내리고 추운 핀란드나 스위스에서는 산에 나무가 많아 통나무로 집을 짓고 추위를 견뎠어요. (   )
3. 이글루는 비가 내리지 않는 사막 지역에 사는 사람들이 사는 집이에요. (   )
4. 기와집은 우리나라의 전통 집이에요. (   )

6 세계 여러 나라의 집을 구경해요

<활용카드>

활동 2 피터팬! 팅커벨을 구해줘

이번에는 두 명이 하는 활동입니다. 후크 선장에게 잡힌 팅커벨을 구하기 위해서는 세계 여러 나라의 집들 중에 숨겨진 황금 열쇠를 찾아 팅커벨이 있는 집의 문을 열어야 합니다. <활동2-1>의 세계 여러 나라의 집들 중 한 곳 아래에 <별지6> 황금 열쇠 1개가 숨겨져 있고, 그 황금 열쇠를 찾으면 <활동2-2>의 세계 여러 집 중에서 <별지6> 팅커벨 카드가 있는 집을 찾고 뚜루뚜루로 LED 빛과 멜로디를 울리는 활동입니다.

활동순서

❶ <활동2-1> 활동지 위 '세계 여러 나라 집 말 놓는 곳'에 <별지6> 세계 여러 나라 집 말들을 놓고 player1은 활동지 위에 놓여진 <별지6> 세계 여러 나라 집 말들 중 한 집을 선택해서 말 아래에 <별지6> 황금 열쇠 카드를 숨겨 놓는다.

❷ player2는 뚜루뚜루에 <별지6> 뚜루뚜루 팔을 씌우고, 손 따라가기 카드를 활용하여 뚜루뚜루를 움직여 <별지6> 황금 열쇠를 찾는다.

❸ player2가 <별지6> 황금 열쇠를 찾으면, player1은 <활동2-2> 활동지 위 '세계 여러 나라 집 말 놓는 곳'에 <별지6> 세계 여러 나라 집 말들을 놓고 한 집을 선택해서 말 아래에 <별지6> 팅커벨 카드를 숨긴다.

❹ player2는 틸트 모션 카드와 격자 카드를 활용해 <별지6> 세계 여러 나라 집 말 아래에 숨겨진 <별지6> 팅커벨 카드를 찾아요. 팅커벨 카드를 찾을 때까지 다른 <별지6> 세계 여러 나라 집 말로 이동한다.

❺ 이동 중간에 멜로디와 LED 빛 카드 미션이 있으면 실행하며 이동해야 한다.

❻ <별지6> 팅커벨 카드를 찾으면 뚜루뚜루로 LED를 켠 뒤 멜로디를 울리고 게임을 끝낸다.

<준비물>

❶ 뚜루뚜루 로봇

❷ <별지6> p.57
세계 여러 나라 집 말

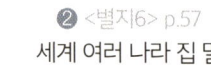
❸ <별지6> p.57
뚜루뚜루 팔

❹ <별지6> p.57
황금 열쇠 카드

❺ <별지6> p.57
팅커벨 카드

예시

🙂 황금 열쇠를 찾아 팅커벨을 구하는 방법

1) <활동2-1>에서 손 따라가기 카드를 활용해서 <별지6> 황금 열쇠 카드를 획득해요.

2) <활동2-2>에서 틸트 모션 카드와, 격자 카드를 활용해서 <별지6> 팅커벨 카드를 획득해요.

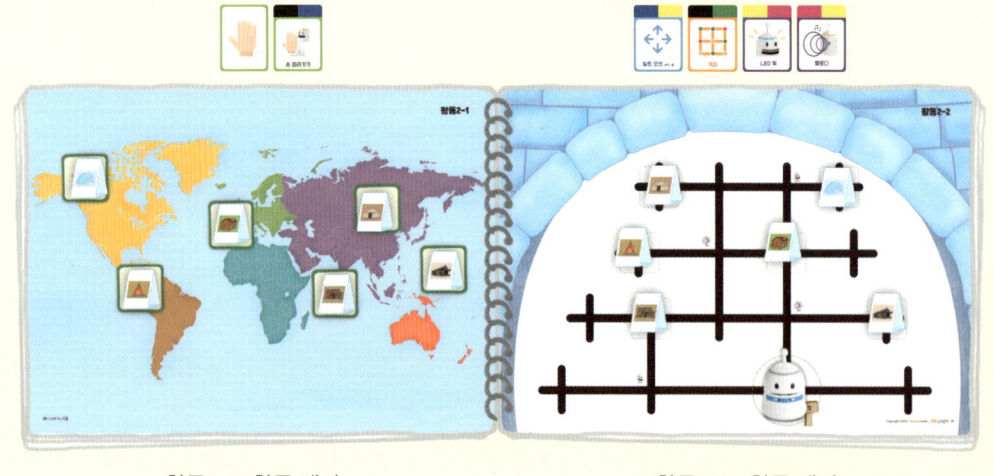

<활동2-1> 활동 예시   <활동2-2> 활동 예시

뚜루뚜루 손 따라가기 (핸드 팔로잉)

● 손 따라가기 카드 (핸드 팔로잉)

뚜루뚜루는 앞쪽 좌, 우에 하나씩 있는 근접 센서를 이용하여 가까운 장애물을 감지할 수 있어요.
- 최대 측정 거리는 약 20cm에요.
- 측정 방법과 주변 환경(빛의 밝기, 조명의 종류)에 따라 달라질 수 있어요.
- 손 따라가기는 독립 카드로 이 카드 한 장으로만 이용해요.

● 손 따라가기 카드 사용 방법

1) 손 따라가기 카드를 뚜루뚜루에 입력해요.
2) 머리 LED의 색상이 변하면서 특정한 소리가 나요.
3) 손이나 손 카드로 뚜루뚜루의 앞쪽에 있는 근접 센서를 가리면서 앞으로 끌면 뚜루뚜루가 손 카드나 손 방향으로 따라와요.
4) 손 따라가기를 멈추려면 뚜루뚜루를 뒤로 기울이면 멈춰요.

뚜루뚜루의 이동방향

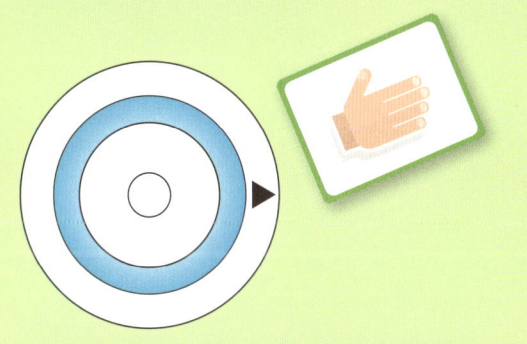  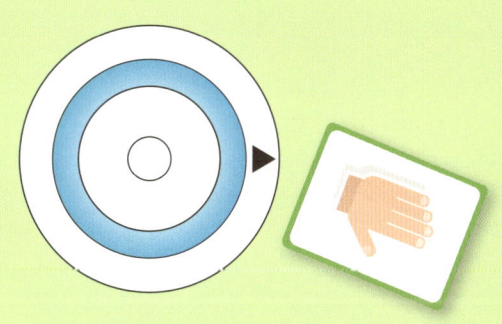 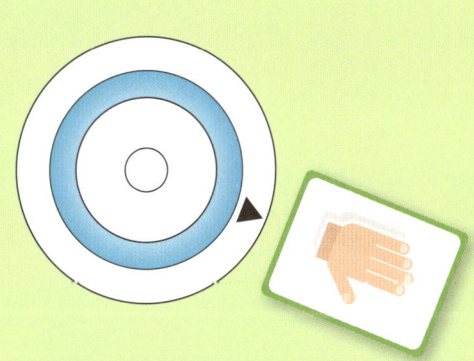

뚜루뚜루의 왼쪽 근접 센서를 가리면 | 왼쪽으로 움직여요. | 뚜루뚜루의 오른쪽 근접 센서를 가리면 | 오른쪽으로 움직여요.

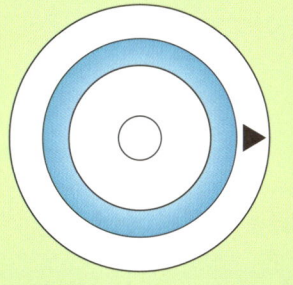  →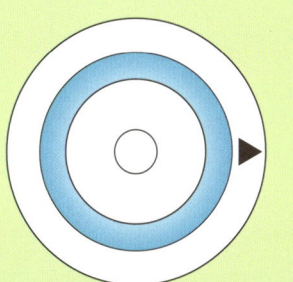

뚜루뚜루의 왼쪽, 오른쪽 근접 센서를 모두 가리면 | 앞으로 움직여요.

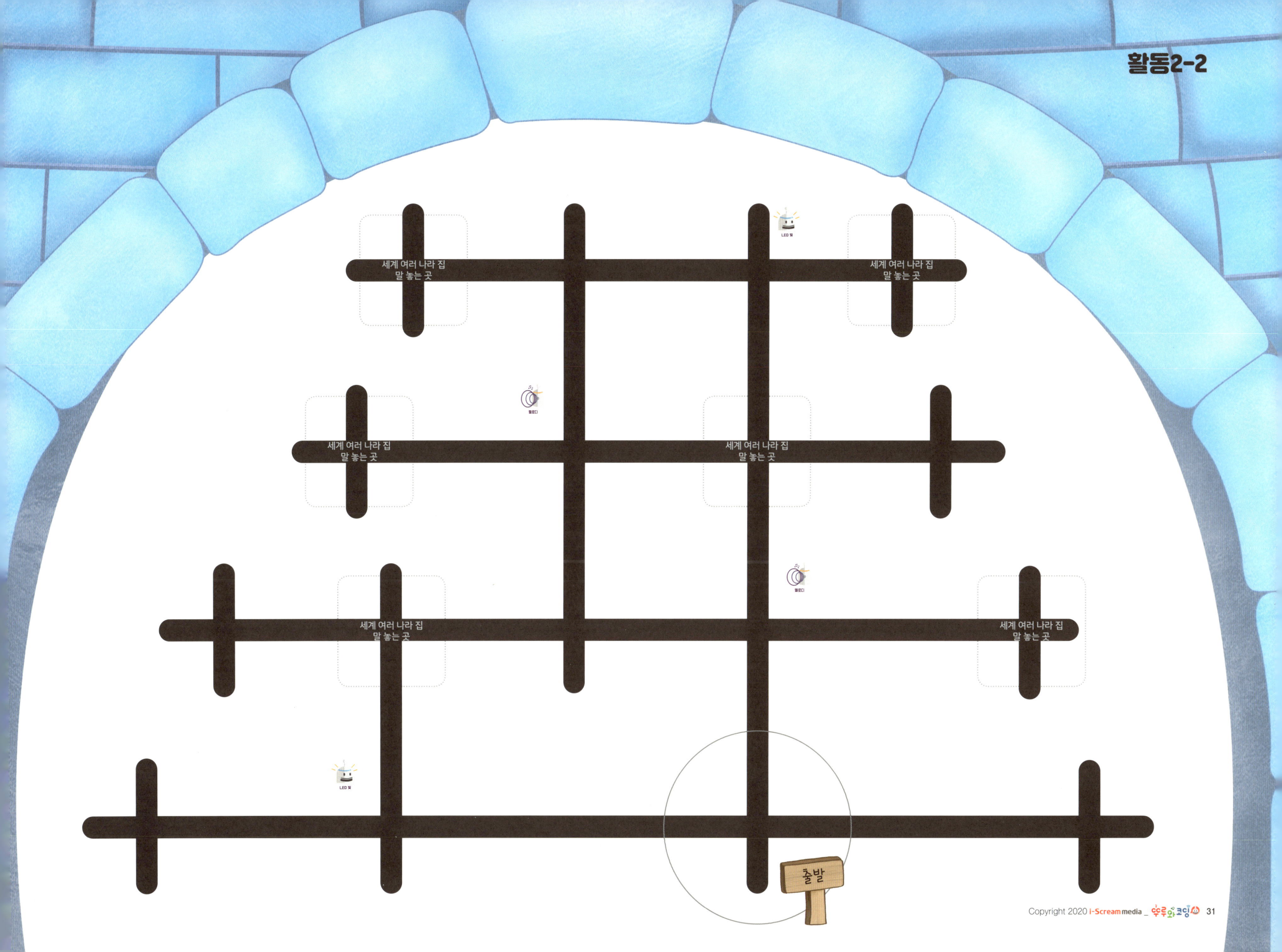

7 세계 여러 나라의 음식에 대해 알아봐요

학습목표
1. 다른 나라 사람들이 먹는 음식을 알 수 있다.
2. 틸트 모션 카드, 격자 카드를 이용해 다른 나라 음식을 찾을 수 있다.
3. 컬러 카드를 활용하여 문제를 적극적으로 해결하려는 태도를 가진다.

 활동 1 **다른 나라의 음식에 대해 알아봐요**

세계 여러 나라의 음식을 알아보고 음식의 재료와 먹는 방법, 먹는 시기, 그 나라의 위치에 대하여 알아보는 활동입니다.

활동순서

❶ 세계 여러 나라 음식의 이름과 특징(재료, 모양, 나라)을 알아본다.
❷ 알아본 음식들이 어느 나라의 음식인지 알아보고, 세계 지도에서 위치를 찾아본다.
❸ 다른 나라의 음식을 먹어봤던 경험을 이야기해본다.

😊 다른 나라의 음식을 먹어봤던 경험을 이야기해보세요.

1. 어떤 재료가 들어 있었나요?
2. 어떤 맛인가요?
3. 어떤 특징이 있나요? (먹는 방법, 먹는 시기, 모양)

😊 다른 나라의 음식에 대해 이름을 알아보고, 나라의 위치도 알아보세요.

< 미국 >
햄버거

< 인도 >
카레

< 한국 >
비빔밥

< 중국 >
딤섬

< 브라질 >
슈하스코

< 프랑스 >
마카롱

< 이탈리아 >
피자

< 일본 >
초밥

< 베트남 >
쌀국수, 월남쌈

7 세계 여러 나라의 음식에 대해 알아봐요

〈활용카드〉

 활동 2 팅커벨의 마법 가루를 뿌려요

이번에는 두 명이 하는 활동입니다. 피터팬과 웬디와 뚜루뚜루는 세계의 음식을 먹고 후크 선장이 다시는 그 나라에 못 오게 마법 가루를 뿌리러 길을 떠납니다. 오른쪽에 있는 세계 지도 빙고판에 〈활동1〉에서 배운 음식의 나라들을 적고, 뚜루뚜루와 틸트 모션 카드를 활용해 활동지 위의 음식들을 찾습니다. 〈별지7〉 음식 카드를 획득하면 다시는 후크 선장이 못 오도록 빙고판의 해당 칸을 색칠합니다. 세계 지도 빙고판에서 바로 옆 칸에 같은 색으로 색칠하면 추가 점수를 획득할 수 있습니다. 점수를 많이 받기 위해서는 연속해서 음식을 잘 선택하고 획득해야 합니다. 빙고판의 점수가 높은 사람이 이기는 활동입니다.

활동순서

❶ player1은 〈활동1〉에서 배운 9가지 음식의 나라들을 오른쪽의 세계지도 빙고판에 무작위로 적는다.

❷ player2는 〈별지7〉 음식 카드를 p.35 활동지의 음식 카드 놓는 곳에 무작위로 놓는다.

❸ 가위바위보를 해서 이긴 사람부터 뚜루뚜루로 출발지에서 활동지에 놓인 〈별지7〉 음식 카드까지 어떤 경로로 가야 할지 생각하고, 틸트 모션을 활용해 움직인다.

❹ 〈별지7〉 음식 카드가 놓인 곳에 도착하면 그 음식의 나라를 말해서 맞혀야 카드를 획득할 수 있다. 틀리면 다음 사람 차례로 넘어간다.

❺ 〈별지7〉 음식 카드 옆에 멜로디와 LED 빛 카드 이미지가 있으면 뚜루뚜루가 도착할 때 실행해야 한다.

❻ 〈별지7〉 음식 카드를 획득하면, 오른쪽의 세계지도 빙고판에서 그 음식의 나라 칸에 색칠한다.
  - 이때, player1과 player2는 서로 다른 색으로 색칠해야 한다.

❼ 점수를 많이 받기 위해서는 세계 지도 빙고판의 어떤 칸을 색칠해야 할지 잘 생각하고 〈별지7〉 음식 카드로 이동해야 한다. 1칸 색칠하면 1점, 같은 색이 옆 칸과 붙어 있으면 1점을 추가로 준다.
  - 한 칸에 1점, 2칸이 붙어 있으면 3점, 3칸이 붙어 있으면 5점

❽ 〈별지7〉 음식 카드를 다 모았을 때, 세계 지도 빙고판을 보고 점수를 낸다. 점수가 높은 사람이 이긴다.

〈준비물〉

❶ 뚜루뚜루 로봇   ❷ 〈별지7〉 p.59 음식 카드   ❸ 색연필

예시

😊 **세계 지도 빙고판 활동 방법**

1) 아래의 세계지도 빙고판에 9개 음식의 나라들을 랜덤으로 적어보세요.
2) 활동지에서 〈별지7〉 음식 카드를 획득하면, 다시는 후크 선장이 오지 못하도록 아래의 세계 지도 빙고판에 해당하는 나라 칸을 색칠하세요.

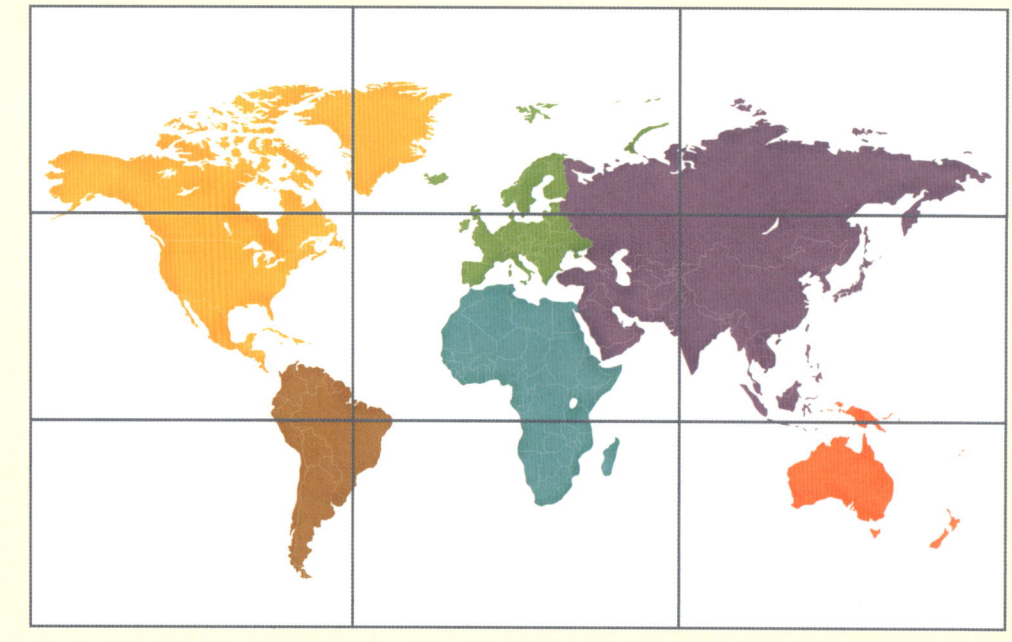

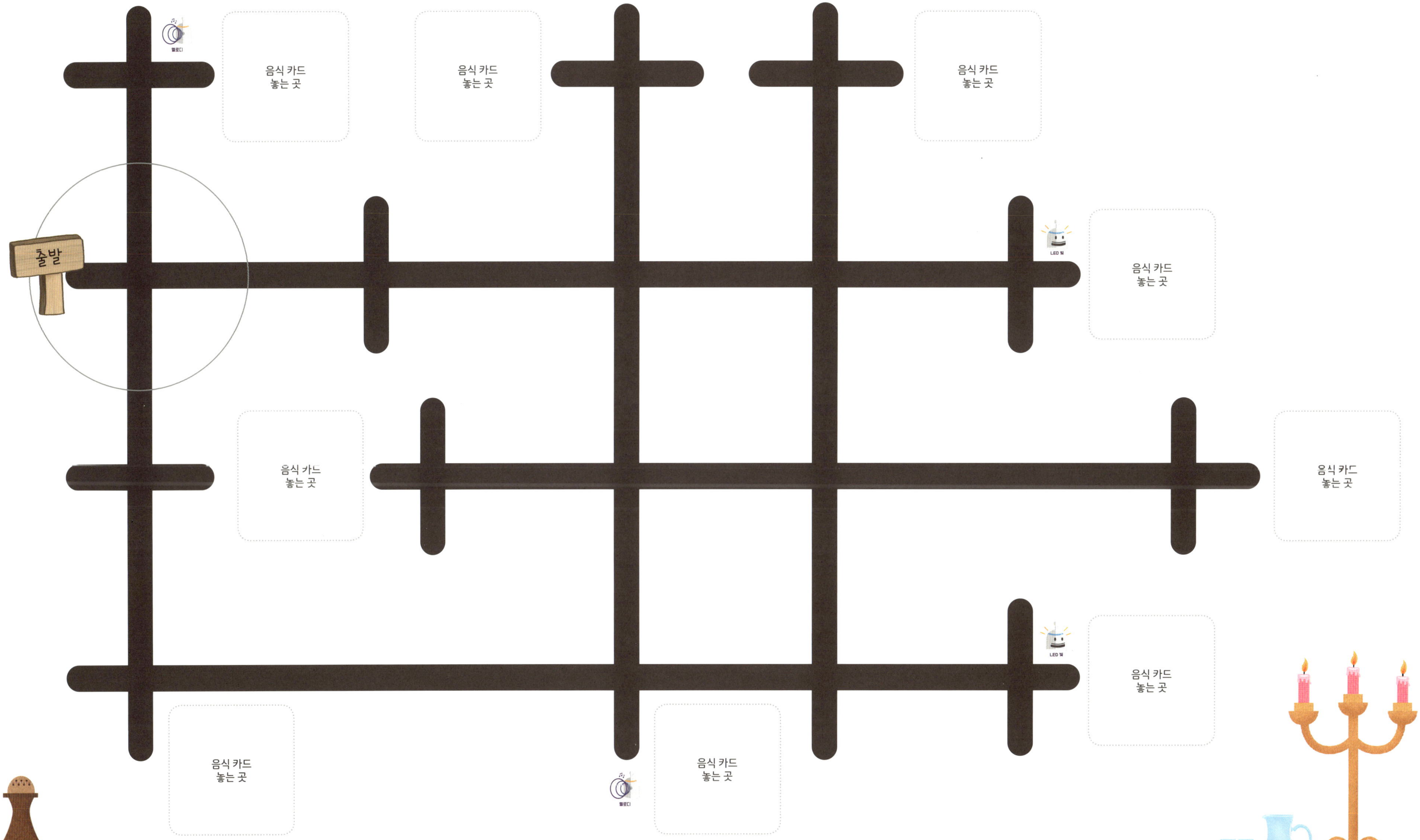

안녕, 네버랜드! 다음에 또 만나요

피터팬과 웬디와 뚜루뚜루는 파티도 하고 세계 여러 나라의 음식도 먹고 즐거운 시간을 보냈어요.
그러던 중 웬디는 집에서 기다리실 부모님 생각에 집으로 돌아가기로 했어요.
집으로 돌아가기 전에 피터팬과 팅커벨과 함께 네버랜드에서 다시 만나기를 기약하며
이전에 함께했던 추억들을 다시 나눠보기로 했어요.

8. 안녕, 네버랜드! 다음에 또 만나요

학습목표
1. 지금까지 다양한 활동을 하며 배웠던 내용을 다시 생각할 수 있다.
2. 지금까지 배운 컬러 카드를 이용해 뚜루뚜루를 움직일 수 있다.
3. 컬러 카드를 활용하여 문제를 적극적으로 해결하려는 태도를 가진다.

 활동 1 우리 다시 만나요

그동안의 활동들을 회상하며 초성 힌트를 보고 어떤 단어인지 맞추어 보는 활동을 합니다. 세계 여러 나라의 음식과 집, 전통의상 등을 떠올리며 네버랜드 여행을 정리한 미니북을 만들어보는 활동을 합니다.

활동순서

❶ 초성 힌트를 얻어 자음자 놀이를 하며 네버랜드 여행 중 보고 들었던 것을 떠올려본다.

❷ 피터팬과 웬디와 뚜루뚜루의 네버랜드 여행(세계 여러 나라의 음식과 집, 전통의상 등)에 대한 내용을 떠올리며 <별지8> 미니북을 준비해 네버랜드 세계 여행 미니북을 만든다.

<준비물>

❶ <별지8> p.61 미니북

자음자 놀이를 하며 뚜루뚜루와 피터팬의 여행을 다시 떠올려 보세요.

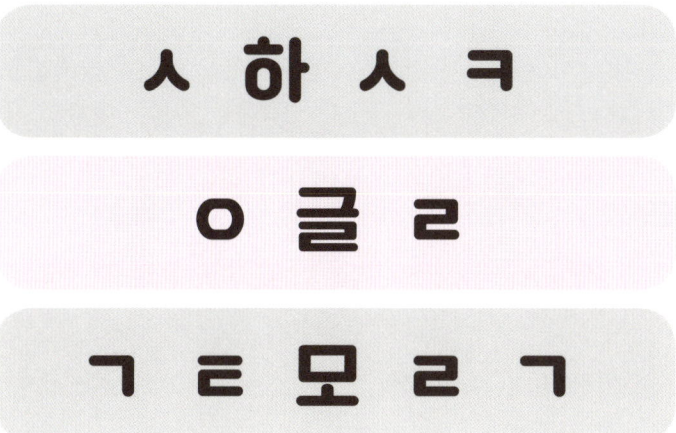

뚜루뚜루와 피터팬과 친구들의 네버랜드 여행을 떠올리며 <별지8> p.61 미니북을 준비해 네버랜드 세계 여행 미니북을 만들어보세요.

1) <별지8> 미니북을 준비한 뒤 순서대로 접어요. (p.40의 미니북 만드는 방법 참고)
2) 미니북에 적힌 제목에 알맞게 추억과 내용을 적어요.

세계 여행 미니북 예시

8. 안녕, 네버랜드! 다음에 또 만나요

〈활용카드〉

활동 2 웬디가 집에 갈 수 있게 도와줘요

뚜루뚜루와 피터팬과 웬디가 네버랜드 여행을 하며 보고 들었던 것들을 회상하며 주어진 미션을 해결하게 됩니다. <별지8> 숫자 주사위를 던져서 나온 숫자만큼 격자를 이동하고, 각 칸에 해당하는 미션을 수행합니다. 뚜루뚜루에 명령해 미션을 해결하며 웬디가 집에 도착하게 되는 활동입니다.

활동순서

1. <별지8> 뚜루뚜루 팔을 끼운 뚜루뚜루와 <별지8> 웬디 말을 출발지에 놓는다.
   - 뚜루뚜루와 웬디는 같이 움직인다.
2. <별지8> 음식, 명령 카드는 활동지 위에 카드 놓는 곳에 무작위로 놓는다.
3. <별지8> 숫자 주사위를 던져서 나온 숫자만큼 격자 칸을 뚜루뚜루로 움직인다.
   - 뚜루뚜루는 알고리즘 카드와 격자 카드로 명령해서 이동한다.
4. 이동한 칸에 도착했을 때 미션이 작성되어 있는 칸은 뚜루뚜루로 미션을 해결한다.
5. <별지8> 음식, 명령 카드 칸에 도착하면 카드에 적힌 명령을 수행한다.
6. 그림이 있는 칸에 도착하면 그림의 내용을 설명한다.
7. 마지막 칸까지 미션을 수행하며 뚜루뚜루와 웬디가 집으로 갈 수 있게 도와준다.

〈준비물〉

❶ 뚜루뚜루 로봇

❷ <별지8> p.63 웬디 말

❸ <별지8> p.63 음식, 명령 카드

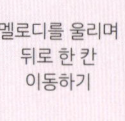

❹ <별지8> p.63 숫자 주사위

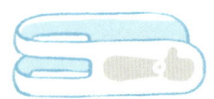
❺ <별지8> p.63 뚜루뚜루 팔

예시

😊 뚜루뚜루가 <별지8> 웬디 말을 데리고 미션들을 해결하며 웬디가 집으로 돌아갈 수 있게 도와줘요.
- 미션이 적힌 칸 : 뚜루뚜루로 미션을 해결해요.
- 그림이 있는 칸 : 그림을 보고 네버랜드에 있었던 그림의 내용을 설명해요.
- <별지8> 음식, 명령 카드가 있는 칸 : 카드에 적힌 명령을 수행해요.

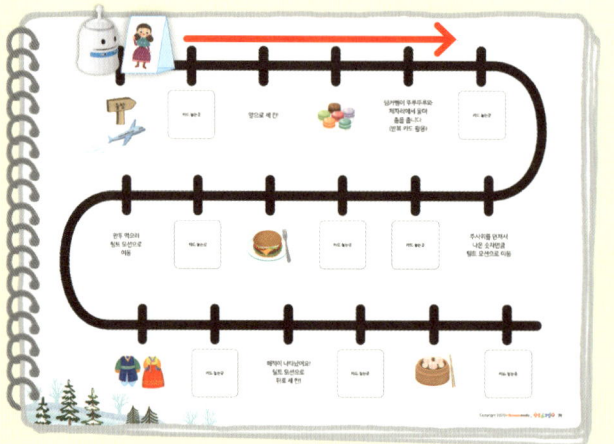

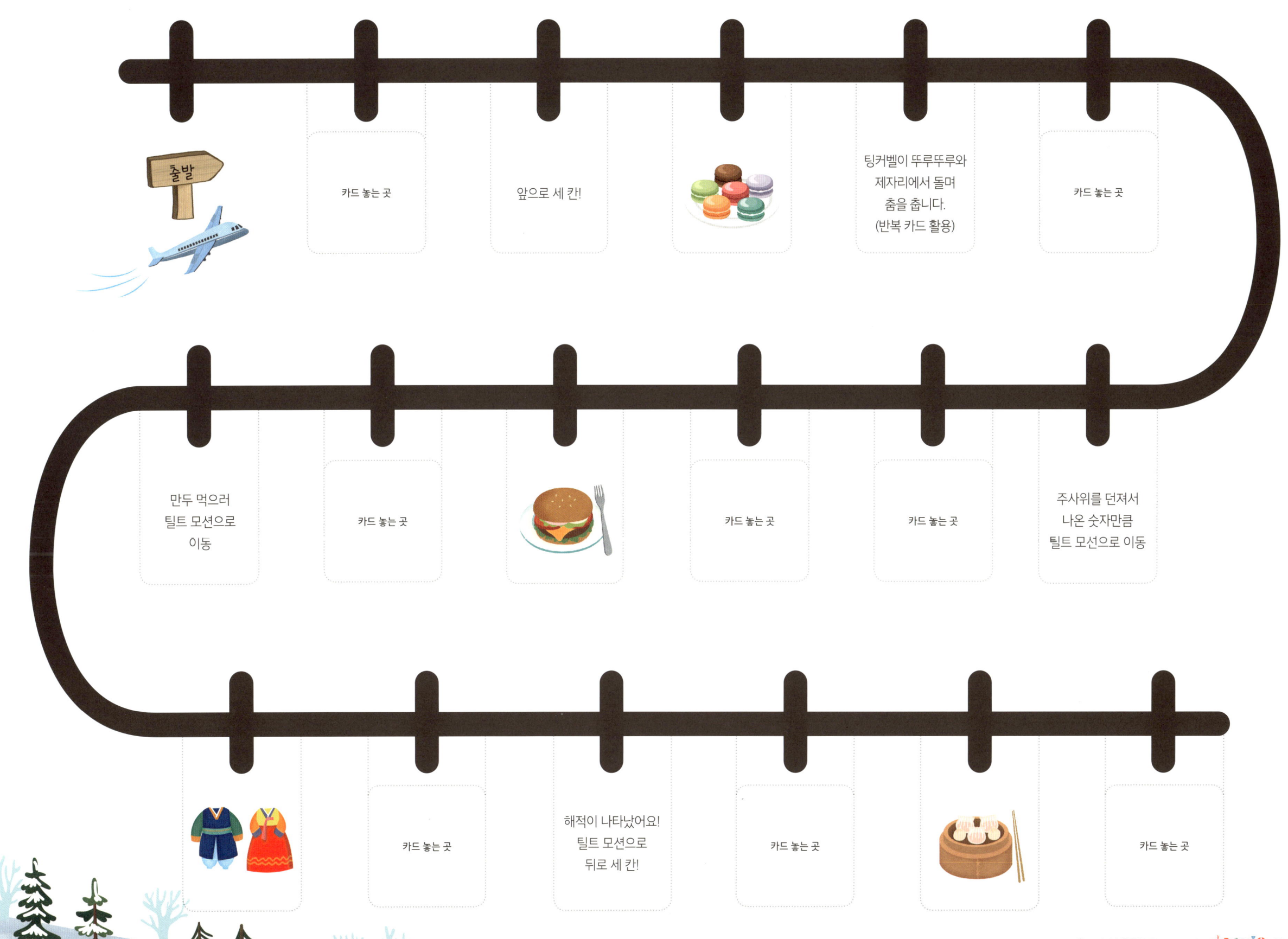

별지 사용법

주사위 만드는 방법
1. 별지의 주사위를 뜯기
2. 주사위의 모서리를 접기
3. 풀로 붙이기
4. 주사위 완성

말 만드는 방법
1. 별지의 말을 뜯기
2. 말의 접는 선을 따라 접기
3. 풀로 붙이기
4. 말 완성

뚜루뚜루 팔 씌우는 방법
1. 별지의 뚜루뚜루 팔 뜯기
2. 뚜루뚜루를 끼울 가운데 선 뜯기

<옆에서 본 모습>
<위에서 본 모습>

3. 뚜루뚜루 팔의 가운데 부분을 바깥으로 빼서 뚜루뚜루에 끼우기

미니북 만드는 방법
1. 별지의 미니북 뜯기
2. 미니북의 가운데 선 뜯고 접는 선을 따라 접기
3. 풀로 붙이기
4. 미니북 완성

별지 1

p.8 - 겨울 놀이 카드

 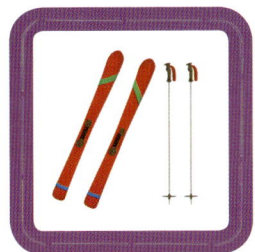     

 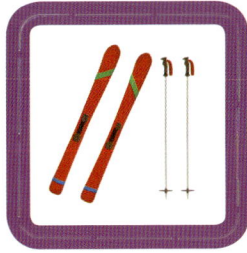     

p.8 - 겨울 놀이 방법 카드

한 명은 얼레를 돌리고, 한 명은 연을 들고 날리는 놀이입니다.	양손에 스키를 잡고 눈 덮인 산을 내려오는 놀이입니다.	잘 미끄러지도록 만든 썰매를 타고 언덕을 내려옵니다.	스케이트를 신고 얼음 위를 달립니다. 보호 헬멧을 꼭 착용합니다.	장갑을 끼고 눈을 뭉칩니다. 눈덩이 2개를 쌓습니다.	팀을 나누고 말을 가진 뒤, 윷을 던집니다. 모든 말이 도착하면 이기게 됩니다.	눈을 공처럼 뭉쳐서 만든 눈덩이를 던지며 맞히는 놀이입니다.
한 명은 얼레를 돌리고, 한 명은 연을 들고 날리는 놀이입니다.	양손에 스키를 잡고 눈 덮인 산을 내려오는 놀이입니다.	잘 미끄러지도록 만든 썰매를 타고 언덕을 내려옵니다.	스케이트를 신고 얼음 위를 달립니다. 보호 헬멧을 꼭 착용합니다.	장갑을 끼고 눈을 뭉칩니다. 눈덩이 2개를 쌓습니다.	팀을 나누고 말을 가진 뒤, 윷을 던집니다. 모든 말이 도착하면 이기게 됩니다.	눈을 공처럼 뭉쳐서 만든 눈덩이를 던지며 맞히는 놀이입니다.

p.8 - 웬디 말

별지 2

p.12 - 건강 수칙 이미지 카드

p.12 - 건강 수칙 텍스트 카드

| 보습제를 발라요. | 물을 자주 마셔요. | 창문을 자주 열어요. | 옷을 따뜻하게 입어요. | 추워도 밖에 나가서 즐겁게 놀아요. | 손을 깨끗이 씻어요. |

| 보습제를 발라요. | 물을 자주 마셔요. | 창문을 자주 열어요. | 옷을 따뜻하게 입어요. | 추워도 밖에 나가서 즐겁게 놀아요. | 손을 깨끗이 씻어요. |

별지 2

p.12 - 뚜루뚜루
페이퍼 크래프트

풀칠

풀칠

p.12 - 피터팬
페이퍼 크래프트

풀칠

풀칠

별지 3

p.16 - 웬디 말

p.16 - 숫자 주사위

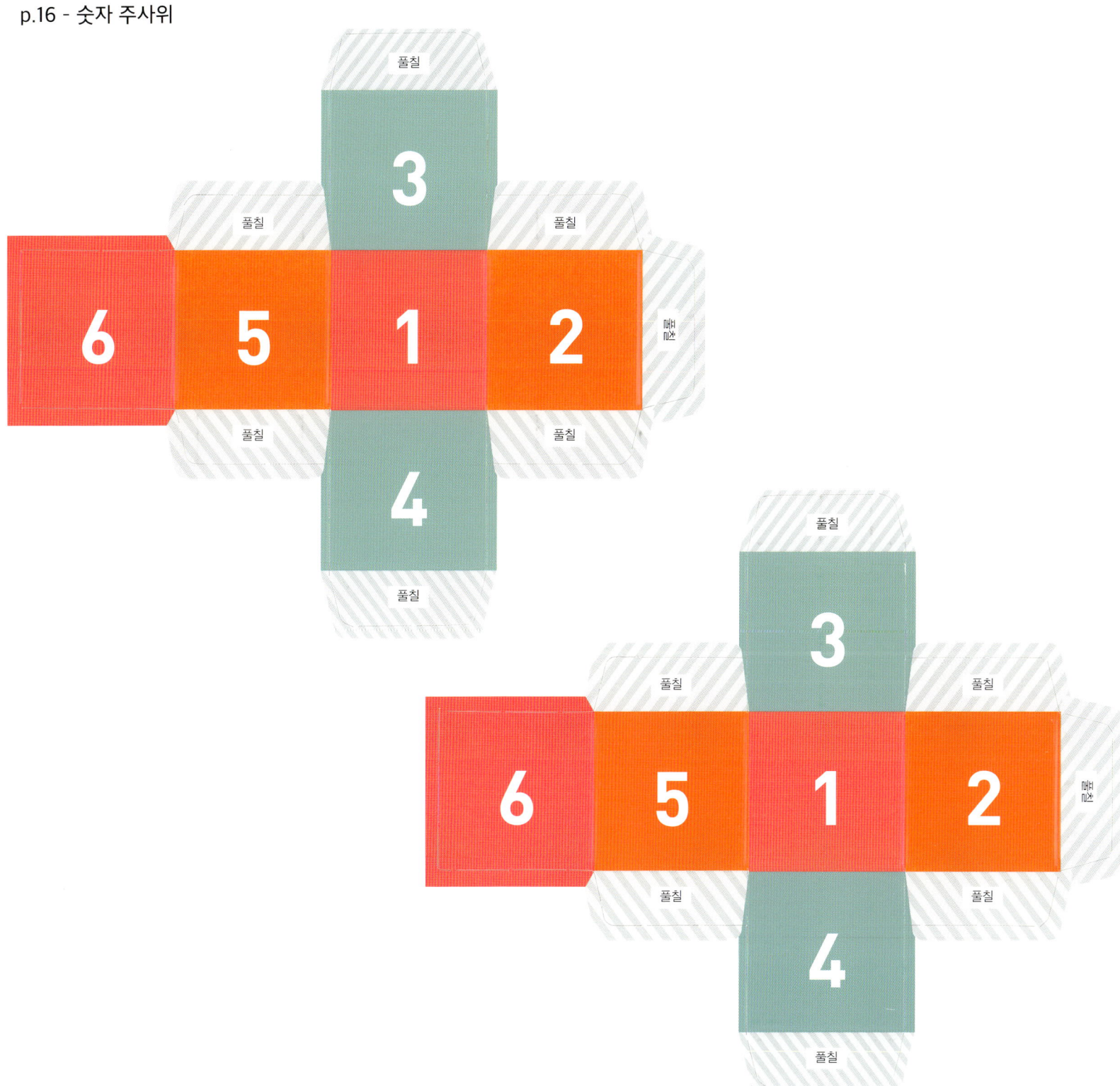

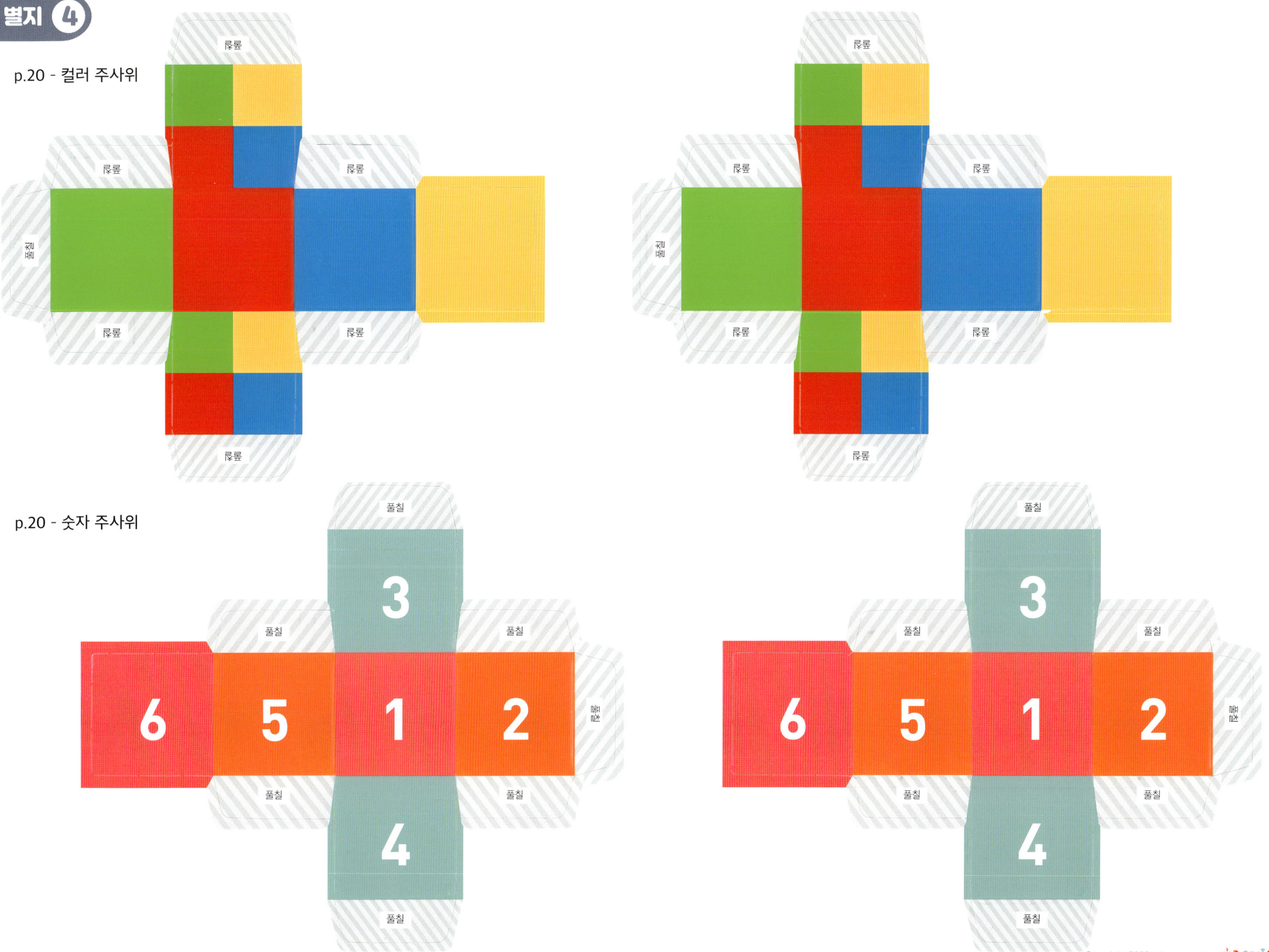

별지 ④

p.20 - 계이름 카드

별지 5

p.24 - 나라 이름 카드

한국	미국
케냐	일본
영국	러시아
중국	베트남
멕시코	

p.24 - 악어 말

p.24 - 후크 선장 말

p.24 - 뚜루뚜루 팔

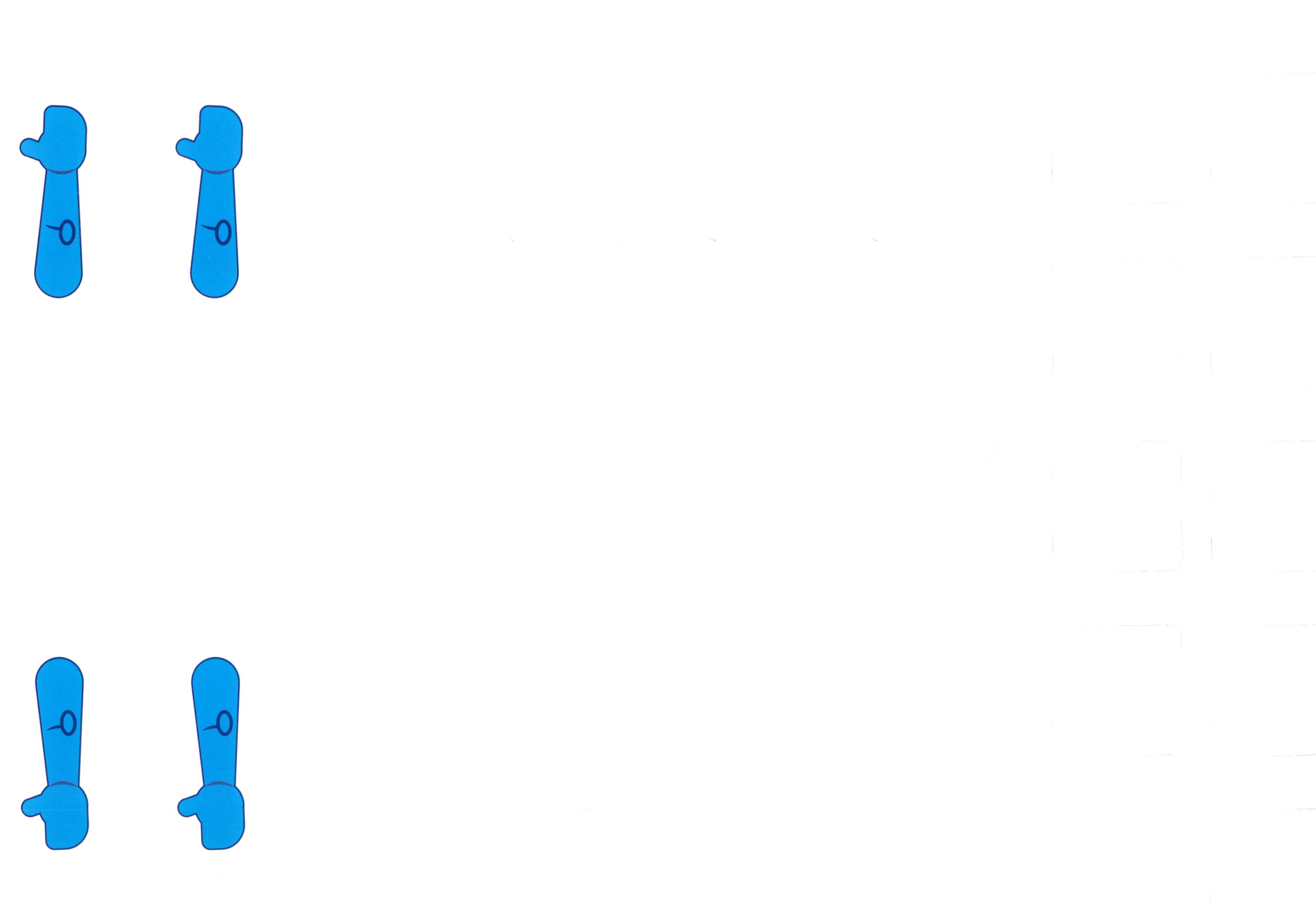

별지 5

p.24 - 전통의상 말

별지 6

p.28 - 황금 열쇠 카드

p.28 - 팅커벨 카드

p.28 - 뚜루뚜루 팔

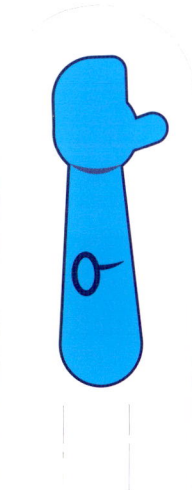 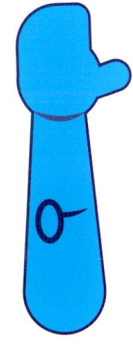

p.28 - 세계 여러 나라 집 말

| 풀칠 | 풀칠 | 풀칠 | 풀칠 | 풀칠 | 풀칠 |

   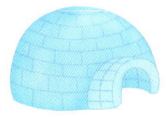  

 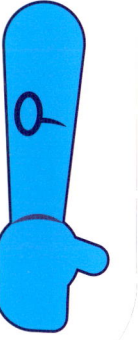

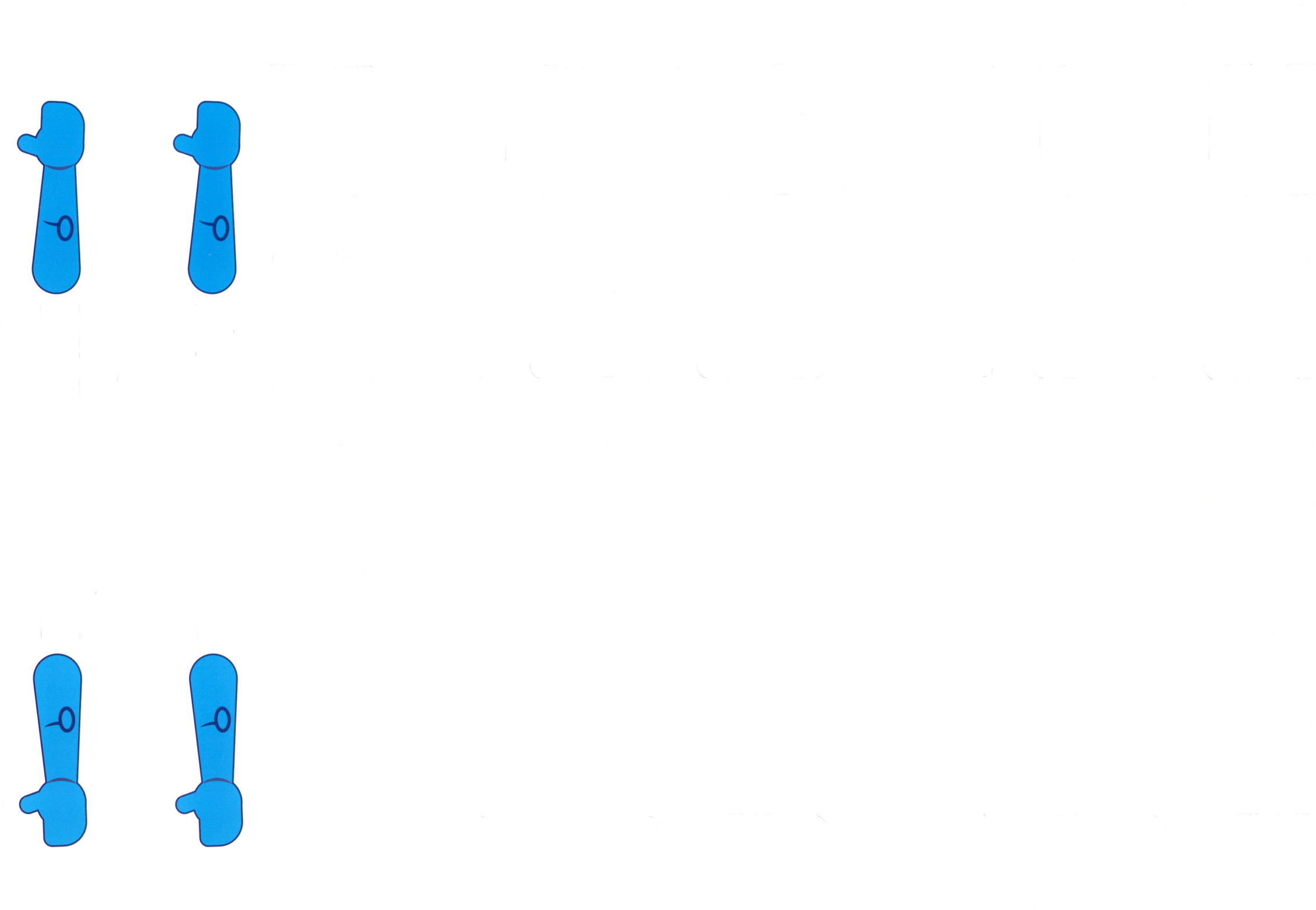

p.34 - 음식 카드

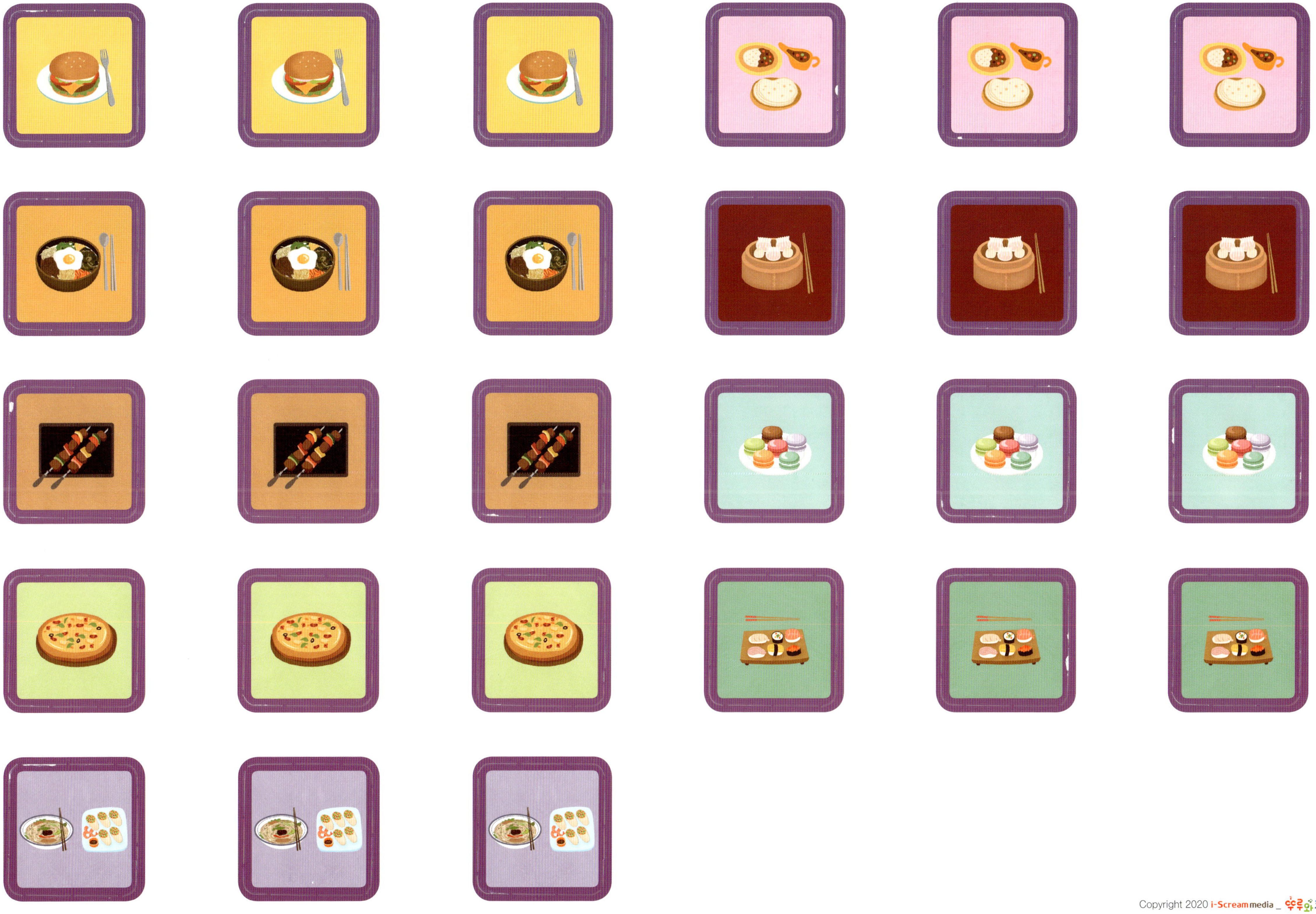

별지 ⑧

p.37 - 미니북

우리나라 자랑거리를 소개해요

두근두근
세계 여행

뚜루뚜루와
피터팬과
모험을 떠나요

나는 대한민국을 사랑하는 다른 나라 친구들에게 답장합니다.

받는 사람 :
보낸 사람 :

가고 싶은 세계 여러 나라

가고 싶은 세계 여러 나라

가고 싶은 세계 여러 나라

가고 싶은 세계 여러 나라

별지 8

p.38 - 음식, 명령 카드

p.38 - 숫자 주사위

p.38 - 뚜루뚜루 팔

p.38 - 웬디 말

방금했던 명령(코딩) 재실행하기	멜로디를 울리며 뒤로 한 칸 이동하기	반복카드를 사용해서 오른쪽으로 한바퀴 돌기
제자리에서 왼쪽으로 한바퀴 돌기	제자리에서 오른쪽으로 한바퀴 돌기	LED 빛을 켜기
틸트모션으로 뒤로 두칸 이동하기	멜로디 카드로 계이름 5개를 연주하기	틸트모션으로 앞으로 세칸 이동하기

부록

p.15 - 세계 지도

스티커

p.7 - 겨울 놀이 준비물

 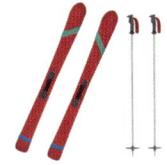    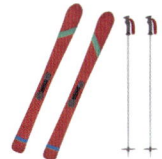  

p.15 - 자랑거리 스티커

p.15 - 국기 스티커

p.19 - 인사말 스티커

| 굿모닝 | 봉주르 | 구텐 모르겐 | 니하오 | 오하요 | 나마스테 | 올라 | 잠보 |

| 굿모닝 | 봉주르 | 구텐 모르겐 | 니하오 | 오하요 | 나마스테 | 올라 | 잠보 |

스티커

p.24 - 컬러 스티커